◇ 읽다 보면 저절로 알게 되는

◇ 읽다 보면 저절로 알게 되는

신비한 끈기·집중·성취 사전

글·그림 양작가

파란정원

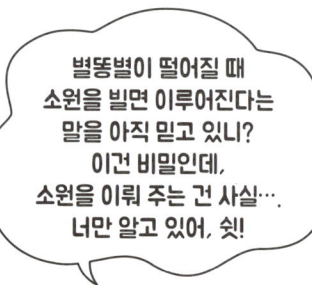

작가의 말

　아마 누구나 한 번쯤은 이런 경험이 있을 거예요. 엄마를 졸라서 다닌 학원인데 어느 순간부터 가기 싫어지고, 야심 차게 세운 방학 목표는 작심삼일로 끝이 나고, 공부하겠다며 산 문제집은 앞부분만 필기가 가득하고……. 그렇게 부모님께 혼이 나고 나면 자신을 자책하고 다음엔 이러지 말아야지 다짐하곤 합니다.

　이렇듯 끈기가 없어서 생기는 불편함을 너무나 잘 알고 있으면서 왜 우리는 같은 일을 반복하게 될까요? 정말 나에게 끈기란 없는 말일까요?

　《읽다 보면 저절로 알게 되는 신비한 끈기·집중·성취 사전》에서는 이러한 고민을 해소해 주고자 지금까지 막막하게만 생각했던 끈기란 무엇인지, 집중을 잘하려면 어떻게 해야 하는지, 성취감을 느끼면 어떠한 장점이 있는지 등을 담았습니다.

　이 책을 통해 끈기를 친근하게 배우고, 한 가지 일에 집중하며 성취감을 알게 되어 친구들이 이루고자 하는 목표를 원활히 달성해 나가길 바랍니다.

양작가

등장인물 소개

동고래
똑똑하고 논리적으로 생각하고 행동해요.

동그래
엉뚱한 발상으로 재미있는 일상을 만들어요.

셈
장난기가 많고, 친구들과 잘 어울려요.

다루
항상 여유롭고 긍정적으로 행동해요.

모이
행동은 느리지만, 섬세하고 남을 잘 도와줘요.

차례

★ **episode 1**   **내 소원을 들어줘!** ······ **10**

★ **episode 2**   **목표** ················· **40**
      ★ 한눈에 보는 목표

★ **episode 3**   **끈기** ················· **76**
      ★ 한눈에 보는 끈기

★ **episode 4**   **집중** ················· **118**
      ★ 한눈에 보는 집중

★ **episode 5**   **성취** ················· **156**
      ★ 한눈에 보는 성취

에필로그 ············ **202**

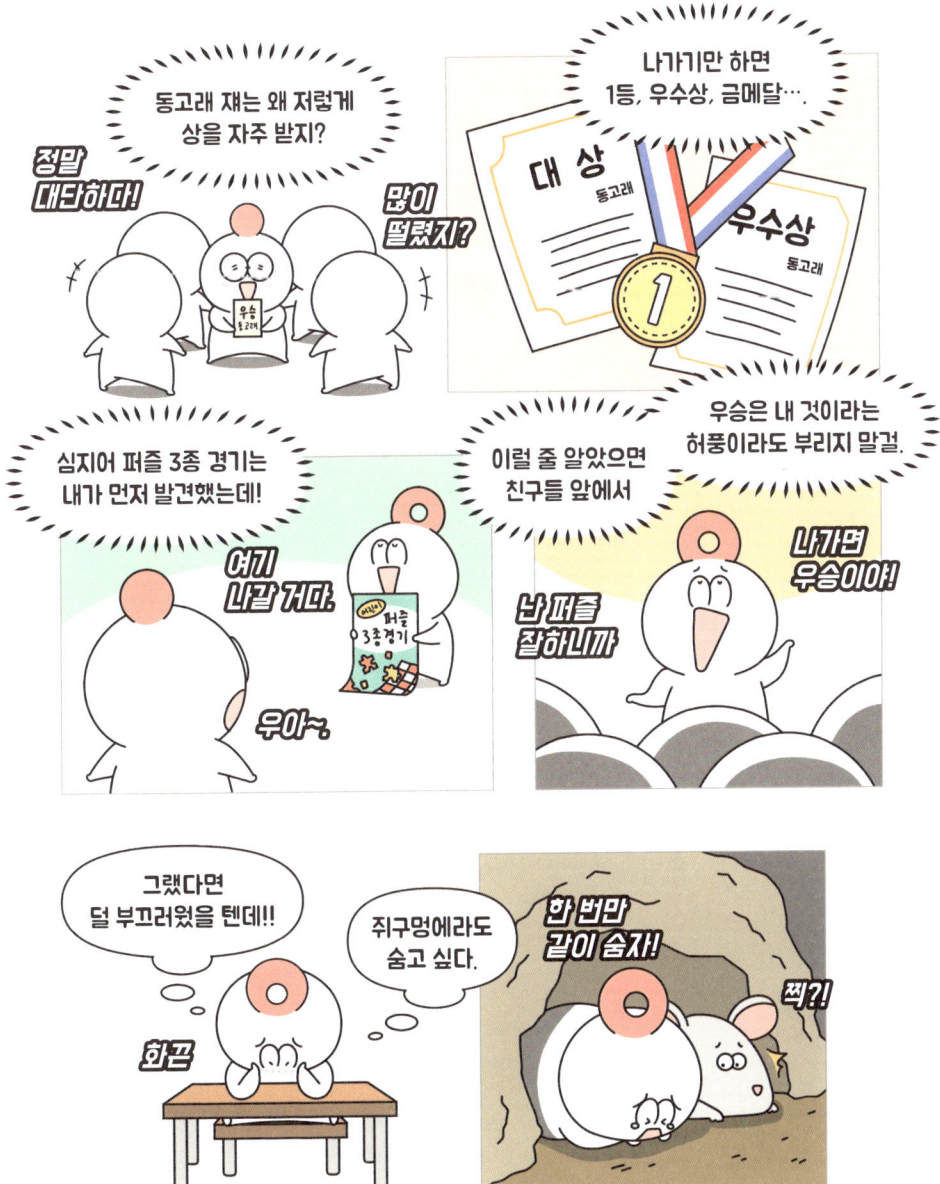

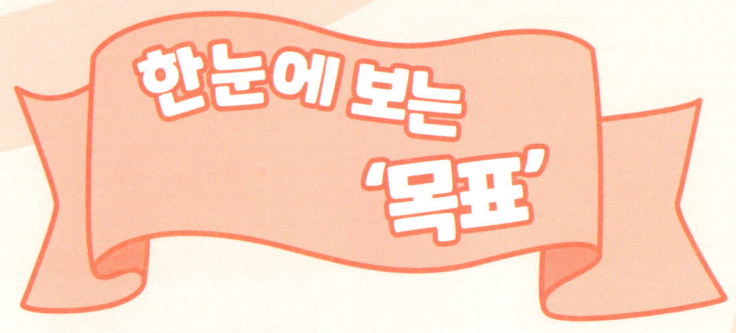

목표란?

도달해야 하는 곳이다.
단순히 가고 싶은 장소뿐만 아니라
자신이 이루고자 하는 일 또한 목표가 될 수 있다.

목표를 세우기 첫걸음 '나'를 알기

목표는 내 상황에 맞게 현실적으로 세워야 한다.
그래서 목표를 세울 때는 나에 대한 이해가 필요하다.

나에게 도움이 될 수 있는가?

좋은 목표는 사람마다 다르다.
내가 세운 목표에 도전했을 때 나에게 이로운지, 재밌는지 등을 따져 보면 나에게 맞는 목표인지 파악할 수 있다.

내가 할 수 있는가?

큰 목적지가 같더라도 사람마다 가는 길이 다를 수 있다.
내가 달성할 수 있는 목표가 무엇인지 생각해 보고
나에게 맞는 길을 골라야 한다.

하기 싫은 일을 피하게 된다면?

동그래처럼 하기 싫지만 해야 하는 일, 흥미 있고 좋아하는 일,
사소하지만 꾸준히 하기 귀찮은 일로 나누어 목표를 세우고
점차 늘려 가 보자.

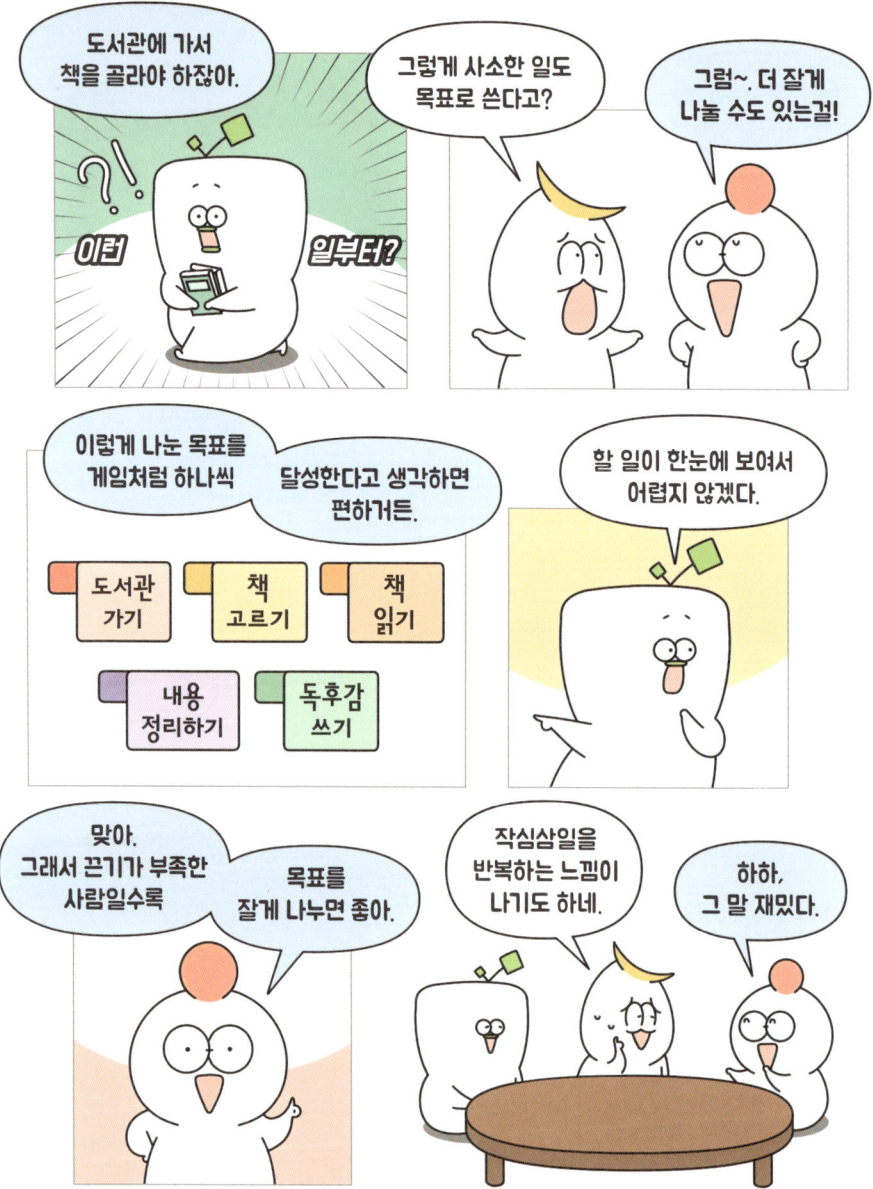

한눈에 보는 '끈기'

끈기란?

포기하지 않고 끝까지 노력하는 힘이다.
끈기는 타고나는 것이 아니라 스스로 노력하여 만들 수 있다.

가장 쉬운 끈기 만들기

끈기를 통해 뿌듯함을 느껴 보자.
해냈다는 마음과 함께 끈기란 어떤 것인지 알게 된다.

짧은 기간! 익숙한 일! 좋은 보상!

끈기 초보라면 크고 힘든 일보다 좋아하는 일, 자신 있는 일부터 시작하면 좋다. 위 세 가지를 기억하며 시도해 보자.

그래도 시도하기 힘들다면?

끈기는 만들어지기까지 오랜 시간이 필요하여 중간에 포기하고 싶은 마음이 들 때가 있다. 그럴 땐 어렵고 막막하게 생각하지 말고 목표를 잘게 나눈 후 게임처럼 하나씩 달성해 보자.

끈기는 재능이 아닌 노력

나의 능력을 자만하거나 안될 거란 부정적인 생각은 끈기를 만들 때 가장 큰 걸림돌이 된다. 할 수 있다는 긍정적인 마음이 나를 좋은 방향으로 이끌어 준다.

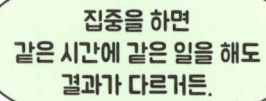

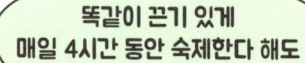

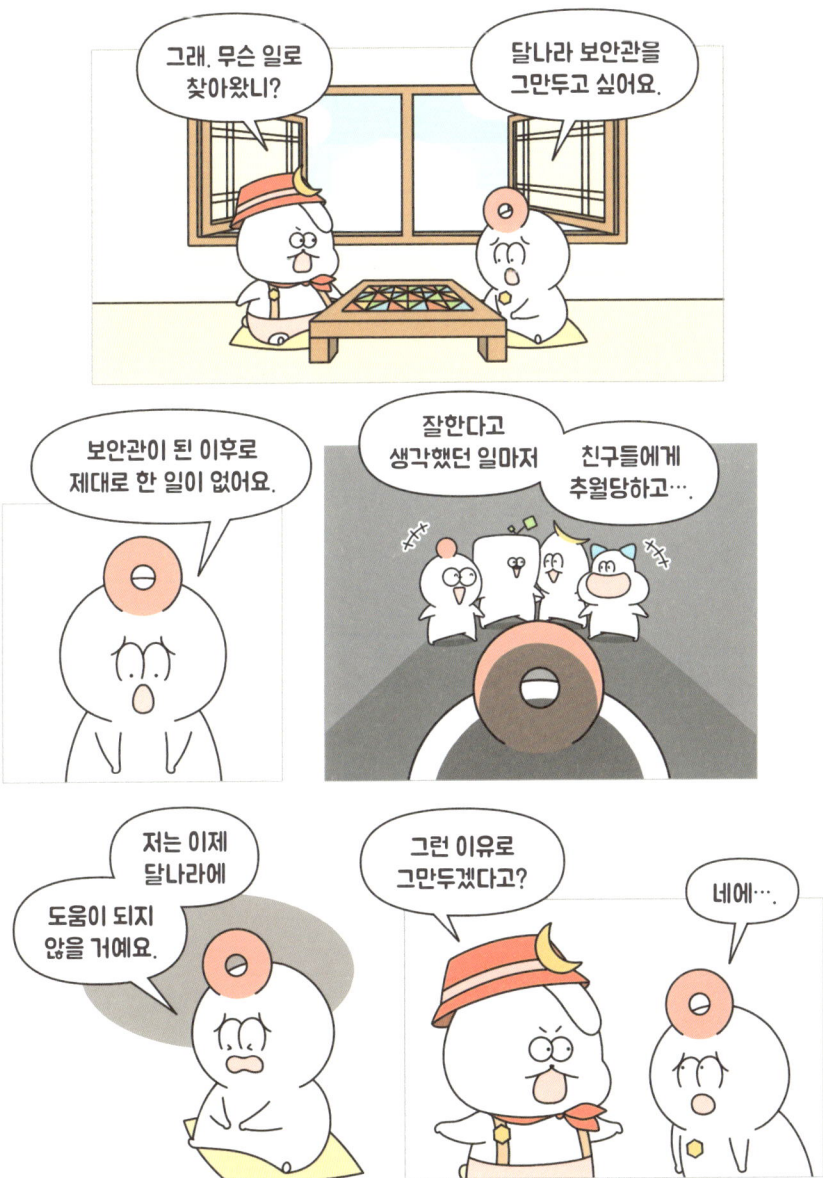

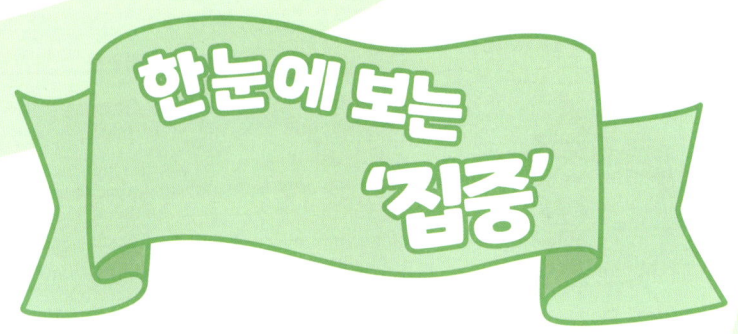

한눈에 보는 '집중'

집중이란?

한 가지 일에 모든 힘을 쏟아붓는 것이다.
더 좋은 결과를 만들고, 더 빨리 끝낼 수 있게 돕는 집중이야말로
운이 좋은 사람들의 비결이다.

나는 집중했을까?

너무 쉬우니까 미루자, 오늘 안에만 하면 되니 조금만 쉬자는 생각이
들었다면 집중했다고 보기 어렵다.
나를 방해하는 생각, 물건을 치우고 흩어진 정신을 한곳에 모아
집중하여 보자.

집중은 양보다 질

집중한 시간이 짧다고 자책하지 말자. 5분씩 집중하는 시간이 모여 10분, 30분, 1시간이 된다. 집중을 연습하여 시간을 늘려 보자.

더 재밌게! 더 신나게!

집중은 하기 싫은 일뿐만 아니라 좋아하는 일 또한 오래 할 수 있게 도와준다. 즐겁고 신나는 경험을 통해 뿌듯함을 느끼고 싶다면 집중이 꼭 필요하다.

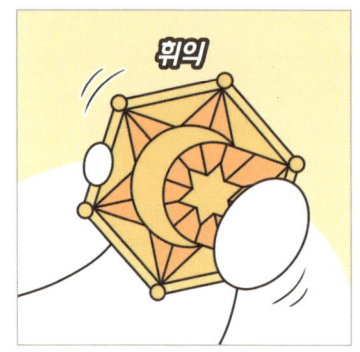

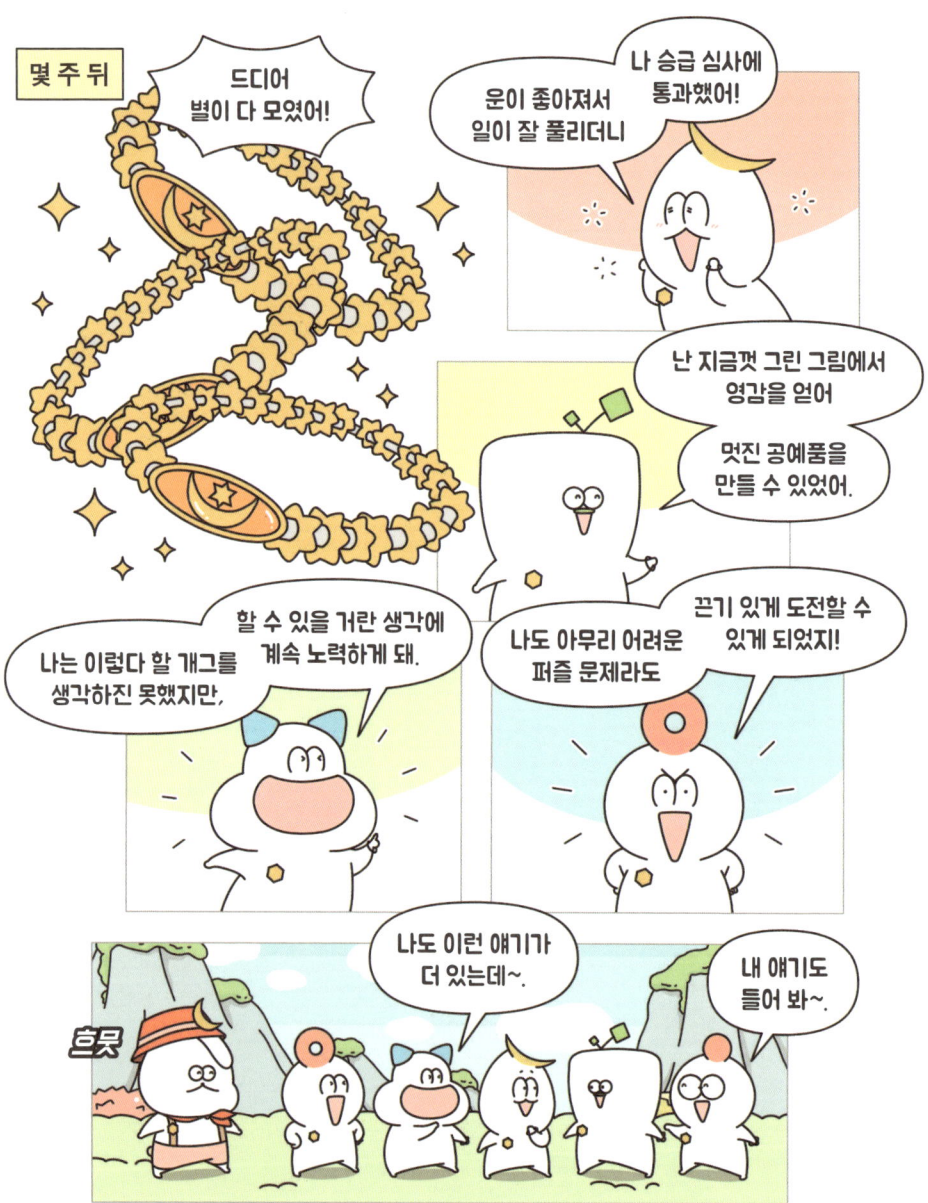

한눈에 보는 '성취'

성취(성취감)란?

목적한 바를 이루는 것이다.
이때 느껴지는 뿌듯함, 즐거움 등 긍정적인 감정이 바로 성취감이다.

행동할 힘을 주는 성취

성취는 행동할 힘을 준다.
성취했을 때 느껴지는 감정이 모여 할 수 있다, 더 하고 싶다는 마음으로 이어지고 이 노력이 모여 어떤 일이든 좋은 방향으로 풀리도록 도와준다.

결과가 아닌 과정, 남이 아닌 나

남과 비교하여 결과만 바란다면 성취감을 느끼기 힘들다. 결과보다 과정을 통해 내가 얼마나 성장했는지에 집중한다면 더욱 쉽게 성취감을 느낄 수 있을 뿐만 아니라 다음 도전의 원동력이 된다.

운이 좋아지는 세 가지 마법 '끈기, 집중, 성취'

끈기를 통해 목표를 행동으로 옮기고, 끈기를 잘 활용하기 위해 집중을 배우고, 이렇게 만들어진 성취감이 나에 대한 믿음으로 이어져 좋은 결과를 불러온다.

◇읽다 보면 저절로 알게 되는
신비한 끈기·집중·성취 사전

초판 2쇄 2024년 10월 4일
초판 1쇄 2024년 8월 21일

글·그림 양작가

펴낸이 정태선
펴낸곳 파란정원
출판등록 제395-2010-000070호
주소 서울특별시 은평구 가좌로 175, 5층
전화 02-6925-1628 | **팩스** 02-723-1629
제조국 대한민국 | **사용연령** 8세 이상 어린이
홈페이지 www.bluegarden.kr | **전자우편** eatingbooks@naver.com
종이 다올페이퍼 | **인쇄** 조일문화인쇄사 | **제본** 경문제책사

글·그림ⓒ2024 양작가
ISBN 979-11-5868-287-3 73100

이 책은 저작권법에 따라 보호받는 저작물이므로 무단 전재와 무단 복제를 금지하며,
이 책 내용의 전부 또는 일부를 이용하려면 반드시 저작권자와 파란정원(자매사 책먹는아이·새를기다리는숲)의
동의를 얻어야 합니다.
＊잘못된 책은 구입하신 서점에서 바꿔 드립니다.